ATTENTION
j'écoute

ATTENTION j'écoute

Activités pour développer la compréhension de consignes verbales

Jean Gilliam DeGaetano

Illustrations par Kevin M. Newman
Traduit de l'américain par Geneviève Vaillant
Consultante : Brigitte Stanké

Chenelière/McGraw-Hill
MONTRÉAL • TORONTO

Attention, j'écoute
Activités pour développer la compréhension de consignes verbales

Traduction de : *Coordinating Auditory Information* de Jean Gilliam DeGaetano. © 1994 Great Ideas For Teaching!

Coordination : Lara Langlais
Révision linguistique et correction d'épreuves : Nicole Blanchette
Infographie : Louise Besner/Point Virgule
Couverture : Michel Bérard

Données de catalogage avant publication (Canada)

DeGaetano, Jean Gilliam

Attention, j'écoute : activités pour développer la compréhension de consignes verbales

Traduction de : Coordinating auditory information.

ISBN 2-89461-289-3

1. Compréhension - Problèmes et exercices. 2. Écoute (Psychologie) - Problèmes et exercices. 3. Mémoire - Problèmes et exercices. I. Titre.

LB1139.L5D414 1999 372.69 C99-940568-3

Chenelière
McGraw-Hill

Chenelière/McGraw-Hill
7001, boul. Saint-Laurent
Montréal (Québec)
Canada H2S 3E3
Téléphone : (514) 273-1066
Télécopieur : (514) 276-0324
chene@dlcmcgrawhill.ca

ISBN 2-89461-289-3

Dépôt légal : 2e trimestre 1999
Bibliothèque nationale du Québec
Bibliothèque nationale du Canada

Imprimé et relié au Canada
4 5 A 03 02

Nous reconnaissons l'aide financière du Canada par l'entremise du Programme d'Aide au Développement de l'industrie de l'Édition pour nos activités d'édition.

Table des matières

Introduction 1

1. Au supermarché 3
2. À l'animalerie 7
3. Les animaux de la forêt 11
4. Les fruits 15
5. Les animaux de la jungle 19
6. À la boutique de vêtements 23
7. Les animaux sauvages 27
8. L'équipement sportif 31
9. Au parc 35
10. L'habitat des animaux 39
11. Dans la cuisine 43
12. Les animaux aquatiques 47
13. Dans la maison 51
14. Les oiseaux 55
15. À la plage 59
16. À la ferme 63
17. Au magasin de jouets 67
18. En camping 71
19. Les meubles 75
20. À l'école 79
21. À la boulangerie 83
22. Les aliments 87
23. À la quincaillerie 91
24. Les moyens de transport 95
25. Les instruments de musique 99

Introduction

Ce recueil a comme objectif d'aider les spécialistes et les enseignantes à développer le traitement, l'intégration et la compréhension de l'information auditivo-verbale chez l'enfant.

Afin d'exécuter la tâche, l'enfant doit pouvoir faire preuve d'attention. Il doit également être en mesure de retenir l'information verbale assez longtemps pour la traiter, la structurer et l'intégrer.

Le recueil propose 25 thèmes, chacun comprenant une feuille de travail et deux outils pédagogiques de degrés de difficulté différents. L'enfant n'a pas à lire les questions ; sa tâche consiste à écouter la lecture qu'on lui en fait et à effectuer les consignes. En effet, le but de ces exercices est, d'une part, d'améliorer l'attention auditive, la mémoire auditive immédiate et le traitement de l'information verbale et, d'autre part, de développer la compréhension verbale. Les thèmes sont indépendants les uns des autres et, de ce fait, il n'est pas essentiel de suivre l'ordre dans lequel ils apparaissent.

Enfin, nous recommandons de ne pas écrire dans le recueil lui-même, mais plutôt de reproduire les feuilles reproductibles qu'il contient et de les distribuer aux enfants.

Nom : ______________________________ Date : ____________________

Au supermarché

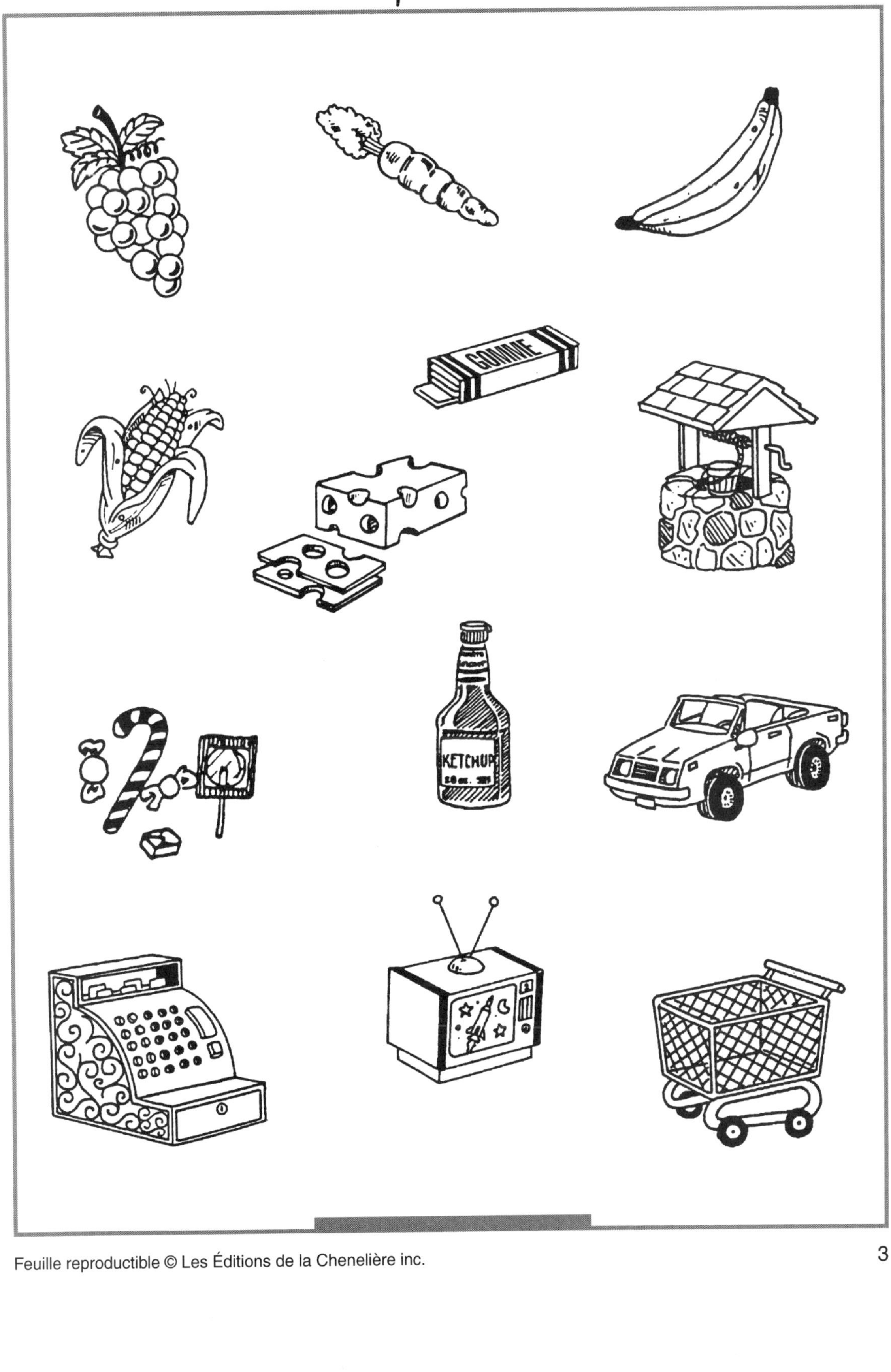

Matériel

- Crayons de couleur (8 couleurs de base)
- Crayons

Démarche

Remettez à chaque enfant un exemplaire de la feuille « Au supermarché ». Lisez les consignes aux enfants en les répétant au besoin. Veillez à accorder un délai suffisant pour l'exécution de chaque consigne.

1. Raye les objets que l'on ne trouve pas dans un supermarché.
2. Colorie la banane, le fromage et l'épi de maïs en jaune.
3. Colorie les raisins en bleu.
4. Colorie la bouteille de ketchup en rouge.
5. Colorie la sucette de la même couleur qu'une fraise.
6. Colorie la carotte en orange et les feuilles en vert.
7. Colorie la caisse enregistreuse en jaune.
8. Encercle le panier à provisions avec un crayon orange.

Nomme la couleur des objets suivants :

du sable | une rose | une marguerite | un chien

Matériel

- Crayons de couleur (8 couleurs de base)
- Crayons

Démarche

Remettez à chaque enfant un exemplaire de la feuille « Au supermarché ». Lisez les consignes aux enfants en les répétant au besoin. Veillez à accorder un délai suffisant pour l'exécution de chaque consigne.

1. Raye les objets que l'on ne trouve pas dans un supermarché.
2. Colorie les fruits de leur vraie couleur.
3. Colorie les légumes de leur vraie couleur.
4. Souligne les aliments qu'on doit garder au frais.
5. Fais une croix sur les objets qu'on utilise pour transporter les achats.
6. Colorie en rouge l'ingrédient que l'on utilise pour donner du goût aux aliments.
7. Fais un crochet bleu à côté de ce que l'on trouve dans l'allée des bonbons.
8. Encercle l'outil du caissier avec un crayon rose.

Montre l'objet auquel tu penses lorsque tu entends les mots suivants :

mâcher pousser payer verser

Nom: ____________________________ Date: ______________

À l'animalerie

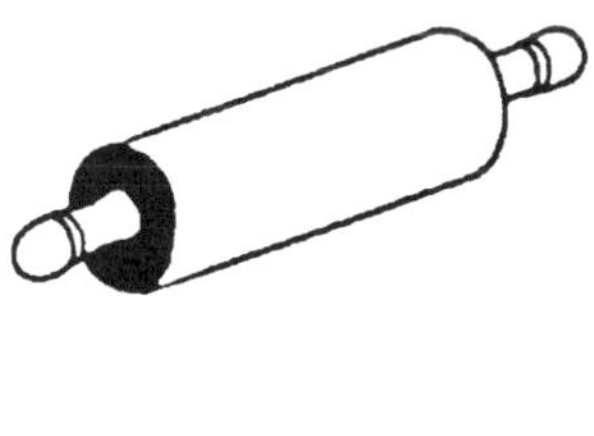

Matériel

- Crayons de couleur (8 couleurs de base)
- Crayons

Démarche

Remettez à chaque enfant un exemplaire de la feuille « À l'animalerie ». Lisez les consignes aux enfants en les répétant au besoin. Veillez à accorder un délai suffisant pour l'exécution de chaque consigne.

1. Raye ce que l'on ne trouve pas à l'animalerie.
2. Trouve les animaux qui peuvent voler. Colorie-les en noir.
3. Trouve l'animal qui a des poils et qui aboie. Colorie-le en brun pâle.
4. Colorie le couvercle de l'aquarium en vert.
5. Colorie le poisson le plus long en rouge et colorie l'autre poisson en orange.
6. Colorie en bleu le collier de l'animal qui jappe.
7. Fais une ligne rouge au-dessus de l'animal qui a des moustaches.
8. Dessine un autre os pour le chien.

Nomme la couleur des objets suivants :

un cerf   des raisins   un citron   une carotte

Matériel

- Crayons de couleur (8 couleurs de base)
- Crayons

Démarche

Remettez à chaque enfant un exemplaire de la feuille « À l'animalerie ». Lisez les consignes aux enfants en les répétant au besoin. Veillez à accorder un délai suffisant pour l'exécution de chaque consigne.

1. Raye tout ce que l'on ne peut pas acheter dans une animalerie.
2. Fais une ligne au-dessus de tous les animaux qui ne peuvent pas vivre hors de l'eau.
3. Colorie l'animal qui peut apprendre à parler en vert et jaune.
4. Fais un crochet rose à côté des animaux qui ont des plumes.
5. Trouve l'animal qui a des moustaches et de petites oreilles. Colorie-le en jaune et en orange.
6. L'un des animaux remue la queue et jappe quand il est content. Colorie-le en noir.
7. L'oiseau qui est dans la cage ne peut pas sortir. Dessine une table en dessous de sa cage et colorie-la en jaune.
8. Il y a deux poissons dans l'aquarium. Colories-en un en orange et l'autre en rouge.

Montre l'objet auquel tu penses lorsque tu entends les mots suivants :

des moustaches	des nageoires	des plumes	des oreilles tombantes

Nom : ______________________________ Date : ______________

Les animaux de la forêt

Matériel

- Crayons de couleur (8 couleurs de base)
- Crayons

Démarche

Remettez à chaque enfant un exemplaire de la feuille « Les animaux de la forêt ». Lisez les consignes aux enfants en les répétant au besoin. Veillez à accorder un délai suffisant pour l'exécution de chaque consigne.

1. Raye tous les animaux qui ne vivent pas dans la forêt.
2. Encercle l'animal qui dégage une odeur désagréable.
3. Colorie en rouge les oreilles de l'animal qui a une queue touffue et qui aime les noisettes.
4. Colorie en gris l'animal qui aime sauter de branche en branche.
5. L'un des animaux a des bois. Colorie son corps en orange, ses yeux en vert et ses bois en jaune.
6. Trouve l'animal qui sautille et qui a de grandes oreilles. Colorie sa fourrure en gris.
7. Dessine deux petites pommes rouges à côté du raton laveur.
8. Colorie en vert les yeux de la mouffette.

Nomme la couleur des objets suivants :

du lait   un écureuil   une baleine   du ketchup

Matériel

- Crayons de couleur (8 couleurs de base)
- Crayons

Démarche

Remettez à chaque enfant un exemplaire de la feuille « Les animaux de la forêt ». Lisez les consignes aux enfants en les répétant au besoin. Veillez à accorder un délai suffisant pour l'exécution de chaque consigne.

1. Raye tous les animaux qui ne vivent pas dans la forêt.
2. Colorie en vert les yeux de l'animal qui dégage une très mauvaise odeur.
3. Colorie en gris l'animal qui cache des noix et des glands en prévision de l'hiver.
4. Colorie en gris le petit animal qui peut vivre dans la forêt, dans les granges et même dans les maisons.
5. Un seul de ces animaux a des bois. Colorie les bois de cet animal en jaune et son corps en orange.
6. L'animal qui sautille et qui a de grandes oreilles a une fourrure très douce. Encercle-le avec un crayon vert.
7. Trouve l'animal qui aime fouiller dans les poubelles et colorie ses yeux en vert.
8. Dessine un carré autour de l'animal qui te ferait très peur si tu le rencontrais dans la forêt.

Montre l'objet auquel tu penses lorsque tu entends les mots suivants :

sautiller

pousser des cris aigus

les bois

grogner

Nom : ______________________ Date : ______________

Les fruits

Matériel

- Crayons de couleur (8 couleurs de base)
- Crayons

Démarche

Remettez à chaque enfant un exemplaire de la feuille « Les fruits ». Lisez les consignes aux enfants en les répétant au besoin. Veillez à accorder un délai suffisant pour l'exécution de chaque consigne.

1. Raye tout ce qui n'est pas un fruit.
2. Colorie les raisins en bleu.
3. Colorie les citrons en jaune et les oranges en orange.
4. Colorie la pomme en rouge avec la queue en noir et la feuille en vert.
5. Colorie la poire et la banane en jaune puis la feuille de la poire en vert.
6. Colorie d'abord la pêche en jaune. Ensuite, mets un peu de rouge par-dessus le jaune pour donner l'apparence d'un fruit mûr.
7. Encercle toutes les queues.
8. Fais trois lignes rouges en dessous de ton fruit préféré.

Nomme la couleur des objets suivants :

de la crème glacée au chocolat	une citrouille	du charbon de bois	de la colle

Matériel

- Crayons de couleur
  (8 couleurs de base)
- Crayons

Démarche

Remettez à chaque enfant un exemplaire de la feuille « Les fruits ». Lisez les consignes aux enfants en les répétant au besoin. Veillez à accorder un délai suffisant pour l'exécution de chaque consigne.

1. Raye tout ce qui n'est pas un fruit.
2. Encercle le fruit qui n'a ni pépins ni noyaux.
3. Souligne en orange tous les fruits qui poussent dans les arbres.
4. Trois de ces fruits poussent seulement dans un climat chaud. Colorie-les de leur vraie couleur.
5. Trouve le fruit qui pousse dans une vigne. Colorie-le pour qu'il ressemble à un vrai fruit.
6. Fais un crochet à côté des fruits qui peuvent être jaunes.
7. Dessine des petits pépins rouges sur tous les fruits qui en ont.
8. Fais un cercle à côté du fruit qui a le plus gros noyau.

Montre l'objet auquel tu penses lorsque tu entends les mots suivants :

de la vigne　　le cœur d'un fruit　　les pépins　　le duvet

Nom : ______________________________ Date : ________________

Les animaux de la jungle

Matériel

- Crayons de couleur (8 couleurs de base)
- Crayons

Démarche

Remettez à chaque enfant un exemplaire de la feuille « Les animaux de la jungle ». Lisez les consignes aux enfants en les répétant au besoin. Veillez à accorder un délai suffisant pour l'exécution de chaque consigne.

1. Raye tous les animaux qui ne vivent pas dans la jungle.
2. Colorie en orange l'animal qui se suspend aux branches des arbres par la queue.
3. Colorie le tigre en orange.
4. Colorie le lion en jaune.
5. Dessine une boucle bleue autour du cou de la girafe.
6. Dessine des petits points rouges sur l'éléphant.
7. Colorie le gorille en noir.
8. Dessine une petite branche garnie de feuilles à côté du gorille.

Nomme la couleur des objets suivants:

un éléphant   de la tarte au citron   du sel   des feuilles

Matériel

- Crayons de couleur (8 couleurs de base)
- Crayons

Démarche

Remettez à chaque enfant un exemplaire de la feuille « Les animaux de la jungle ». Lisez les consignes aux enfants en les répétant au besoin. Veillez à accorder un délai suffisant pour l'exécution de chaque consigne.

1. Raye tous les animaux qui ne vivent pas dans la jungle.
2. Colorie en orange les deux animaux qui aiment grimper aux arbres.
3. Colorie en vert les yeux de l'animal qui aime se suspendre par la queue aux branches des arbres.
4. Colorie le plus gros animal en gris.
5. Colorie l'animal le plus grand en jaune et fais-lui des taches noires.
6. Fais une croix au-dessus des deux animaux qui doivent tuer leur proie pour manger.
7. Souligne les quatre animaux qui mangent des feuilles, des baies et de l'écorce.
8. L'un des animaux a des défenses. Encercle-le avec un crayon vert.

Montre l'objet auquel tu penses lorsque tu entends les mots suivants :

la crinière   des rayures   puissant   doux

Nom : ______________________________ Date : ______________

À la boutique de vêtements

Matériel

- Crayons de couleur (8 couleurs de base)
- Crayons

Démarche

Remettez à chaque enfant un exemplaire de la feuille « À la boutique de vêtements ». Lisez les consignes aux enfants en les répétant au besoin. Veillez à accorder un délai suffisant pour l'exécution de chaque consigne.

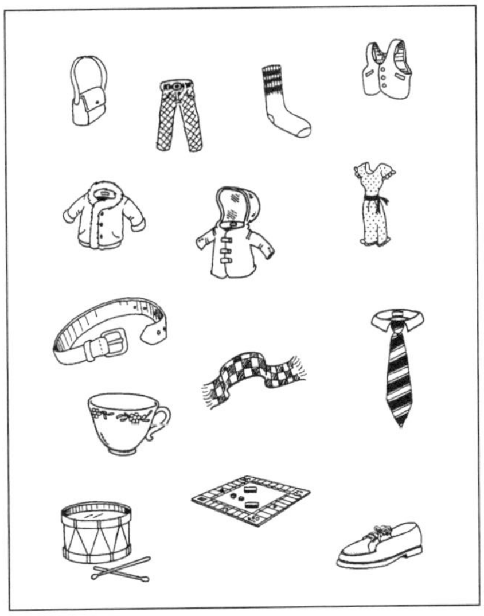

1. Raye tout ce qui n'est pas un vêtement.
2. Colorie l'écharpe en rouge.
3. Colorie la fourrure du manteau en jaune.
4. Colorie le pantalon en vert.
5. Colorie la boucle de la ceinture en jaune et le reste de la ceinture en rose.
6. Colorie l'imperméable en jaune.
7. Colorie la veste de la même couleur que le pantalon.
8. Colorie le sac à main de la même couleur que la fourrure du manteau.

Nomme la couleur des objets suivants :

une fourmi un singe des jonquilles un œuf

Matériel

- Crayons de couleur (8 couleurs de base)
- Crayons

Démarche

Remettez à chaque enfant un exemplaire de la feuille « À la boutique de vêtements ». Lisez les consignes aux enfants en les répétant au besoin. Veillez à accorder un délai suffisant pour l'exécution de chaque consigne.

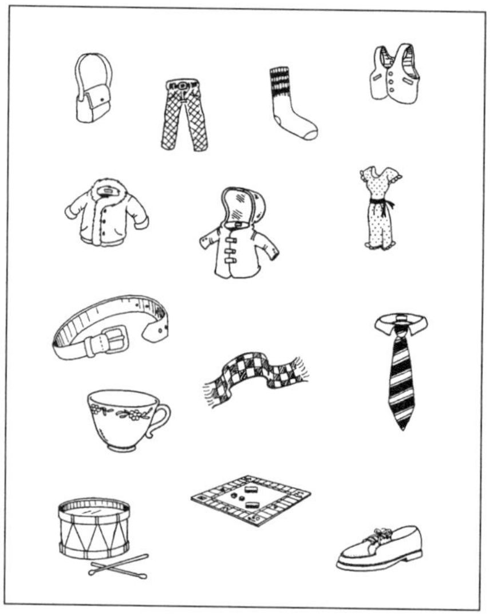

1. Raye tout ce qui n'est pas un vêtement.
2. Encercle tout ce que tu peux porter aux pieds.
3. Colorie en rouge les vêtements que tu portes autour du cou.
4. Souligne les vêtements que l'on porte sous un manteau d'hiver.
5. Dessine des points verts sur les vêtements vendus par paire.
6. Colorie en rouge ce que les femmes portent souvent à l'épaule.
7. Colorie en jaune le vêtement que l'on porte quand il pleut.
8. Colorie en bleu le vêtement que l'on peut boutonner et qui tient chaud.

Montre l'objet auquel tu penses lorsque tu entends les mots suivants :

la taille le cou la pluie le froid

Nom : ______________________ Date : ______________

Les animaux sauvages

Matériel

- Crayons de couleur (8 couleurs de base)
- Crayons

Démarche

Remettez à chaque enfant un exemplaire de la feuille « Les animaux sauvages ». Lisez les consignes aux enfants en les répétant au besoin. Veillez à accorder un délai suffisant pour l'exécution de chaque consigne.

1. Raye tous les animaux qui ne sont pas sauvages.
2. Colorie la girafe en jaune et fais-lui des taches noires.
3. Colorie en jaune les cornes et les yeux du rhinocéros.
4. Colorie le petit kangourou en gris.
5. Colorie le lion en jaune et ses yeux en vert.
6. Colorie en orange le tigre qui est caché derrière les hautes herbes. Colorie les herbes en vert.
7. Dessine un petit oiseau sur le dos de l'éléphant.
8. Dessine de l'herbe pour le zèbre.

Nomme la couleur des objets suivants :

de la laitue   une poire   un hamburger   une pomme de terre

Matériel

- Crayons de couleur (8 couleurs de base)
- Crayons

Démarche

Remettez à chaque enfant un exemplaire de la feuille « Les animaux sauvages ». Lisez les consignes aux enfants en les répétant au besoin. Veillez à accorder un délai suffisant pour l'exécution de chaque consigne.

1. Raye tous les animaux qui ne vivent pas à l'état sauvage.

2. Souligne en rouge les animaux carnivores dont les autres bêtes doivent se méfier.

3. L'un des animaux aime manger du poisson et est aussi un bon pêcheur. Encercle-le en rouge.

4. Colorie en orange l'animal qui saute et qui a une poche sur le ventre.

5. L'un des animaux est plus grand que les autres. Colorie-le en jaune avec des taches noires.

6. Trois animaux ont des sabots. Dessine un petit point rouge sous chaque sabot.

7. Le zèbre ne veut pas se faire attaquer par le tigre. Dessine un carré autour du zèbre pour le protéger.

8. Colorie en rouge les ongles des pattes du rhinocéros.

Montre l'objet auquel tu penses lorsque tu entends les mots suivants :

grand des cornes dangereux puissant

Nom : ______________________________ Date : ________________

L'équipement sportif

Matériel

- Crayons de couleur (8 couleurs de base)
- Crayons

Démarche

Remettez à chaque enfant un exemplaire de la feuille « L'équipement sportif ». Lisez les consignes aux enfants en les répétant au besoin. Veillez à accorder un délai suffisant pour l'exécution de chaque consigne.

1. Trouve l'équipement qui a des lames en métal. Colorie-le en noir.
2. Trouve l'équipement qui a des roues. Colorie les roues en rouge.
3. Un objet est fait d'un cadre et de cordes. Colorie-le en jaune.
4. Trois objets servent à jouer au baseball. Relie ces trois objets entre eux.
5. Dessine une ligne pointillée pour relier les deux objets qui servent à jouer au football.
6. Colorie le casque protecteur en rouge.
7. Colorie le gant en brun pâle.

Nomme la couleur des objets suivants :

de la terre   de la confiture de fraises   des radis   un citron

Matériel

- Crayons de couleur (8 couleurs de base)
- Crayons

Démarche

Remettez à chaque enfant un exemplaire de la feuille « L'équipement sportif ». Lisez les consignes aux enfants en les répétant au besoin. Veillez à accorder un délai suffisant pour l'exécution de chaque consigne.

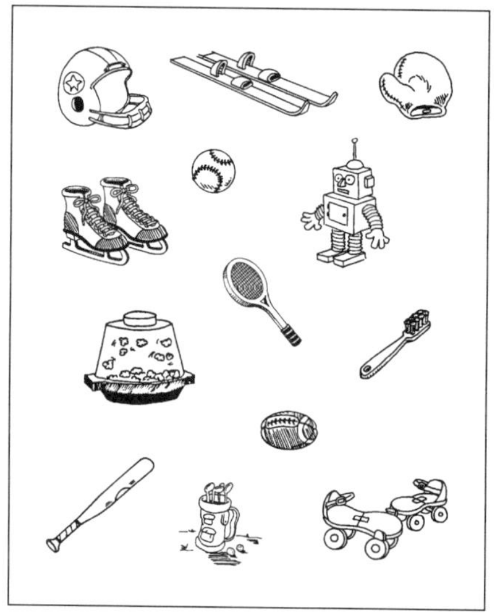

1. Raye tout ce qui ne sert pas à faire du sport.
2. Souligne en rouge tout ce que l'on porte aux pieds.
3. Colorie en jaune ce dont on a besoin pour jouer au baseball.
4. Colorie en vert le cadre de la raquette de tennis.
5. Deux objets servent à jouer au football. Colorie un objet en jaune, l'autre en brun.
6. Trouve l'équipement que l'on utilise seulement lorsqu'il y a de la neige. Fais deux crochets à côté de lui.
7. Un objet sert à jouer au golf. Encercle-le.
8. Trouve le ballon de football et encercle-le en vert.

Montre l'objet auquel tu penses lorsque tu entends les mots suivants :

de la neige | un court de tennis | des skis | attraper

Nom : ______________________________ Date : ________________

Au parc

Matériel

- Crayons de couleur (8 couleurs de base)
- Crayons

Démarche

Remettez à chaque enfant un exemplaire de la feuille « Au parc ». Lisez les consignes aux enfants en les répétant au besoin. Veillez à accorder un délai suffisant pour l'exécution de chaque consigne.

1. Raye tout ce que l'on ne trouve pas dans un parc.
2. Colorie en vert le panier de pique-nique et le thermos.
3. Colorie en rouge la pelle et les seaux.
4. Colorie la tête du du pic-bois en rouge. Colorie le reste de son corps en jaune.
5. Colorie la planche de la bascule en bleu.
6. Colorie l'échelle de la glissoire en orange.
7. Colorie le siège de la balançoire en rouge et les cordes en jaune.
8. Colorie la nappe de pique-nique en rose.

Nomme la couleur des objets suivants :

du chocolat　　une orange　　un melon　　les dents

Matériel

- Crayons de couleur (8 couleurs de base)
- Crayons

Démarche

Remettez à chaque enfant un exemplaire de la feuille « Au parc ». Lisez les consignes aux enfants en les répétant au besoin. Veillez à accorder un délai suffisant pour l'exécution de chaque consigne.

1. Raye tout ce que l'on ne trouve pas dans un parc.
2. Souligne en rouge tout ce qu'il peut y avoir dans un parc.
3. Deux objets volent dans les airs. Fais une tête rouge à l'un et colorie l'autre en rouge.
4. Il y a des gens qui font un pique-nique. Colorie le panier de nourriture en jaune.
5. Ils ont versé la limonade dans un petit contenant. Colorie ce contenant en rose.
6. Un des appareils du parc permet de se balancer. Colorie-le en vert.
7. Le bac à sable est en bois. Colorie-le en brun. Colorie le seau et les pelles de la même couleur qu'une cerise. Colorie le sable en jaune.
8. Colorie la glissoire en vert et rouge.

Montre l'objet auquel tu penses lorsque tu entends les mots suivants :

voler creuser picorer grimper

Nom : ______________________ Date : ______________

L'habitat des animaux

Matériel

- Crayons de couleur (8 couleurs de base)
- Crayons

Démarche

Remettez à chaque enfant un exemplaire de la feuille « L'habitat des animaux ». Lisez les consignes aux enfants en les répétant au besoin. Veillez à accorder un délai suffisant pour l'exécution de chaque consigne.

1. Raye tout ce qui n'est pas un habitat pour les animaux.
2. Dessine un poisson dans le bocal.
3. Colorie l'endroit où vivent les vaches en rouge.
4. Colorie la niche du chien en vert.
5. Les merles bleus seront bientôt en train de couver. Colorie leur nid en jaune.
6. Les abeilles fabriquent le miel dans une ruche. Colorie la ruche en jaune.
7. Colorie la cabane d'oiseaux en bleu.
8. Dessine un petit oiseau dans la cage qui n'est pas rectangulaire.

Nomme la couleur des objets suivants :

une poire | le soleil | une fourmi | du miel

Matériel

- Crayons de couleur (8 couleurs de base)
- Crayons

Démarche

Remettez à chaque enfant un exemplaire de la feuille « L'habitat des animaux ». Lisez les consignes aux enfants en les répétant au besoin. Veillez à accorder un délai suffisant pour l'exécution de chaque consigne.

1. Raye tout ce qui n'est pas un habitat pour les animaux.
2. Dans une cage et dans un bocal, les animaux ne peuvent ni entrer ni sortir à leur guise. Encercle ces objets.
3. Souligne en rouge la ferme, le nid, le bocal et la cage.
4. Fais un crochet vert à côté de toutes les constructions en bois.
5. Dessine deux points verts sur chaque habitat que tu pourrais avoir chez toi.
6. Dessine un visage souriant au-dessus de ce qui n'a pas de toit.
7. Colorie en jaune l'habitat des oiseaux qui ne sont pas en liberté. Colorie cet objet en jaune.
8. Colorie la plus grande maison en rouge.

Montre l'objet auquel tu penses lorsque tu entends les mots suivants :

du verre du miel des brindilles la ferme

Nom : ______________________________ Date : ______________

Dans la cuisine

Matériel

- Crayons de couleur (8 couleurs de base)
- Crayons

Démarche

Remettez à chaque enfant un exemplaire de la feuille « Dans la cuisine ». Lisez les consignes aux enfants en les répétant au besoin. Veillez à accorder un délai suffisant pour l'exécution de chaque consigne.

1. Raye tout ce qui ne va pas dans la cuisine.
2. Colorie la gelée de raisins en mauve.
3. Colorie le pot à biscuits en vert.
4. Colorie les grains de maïs éclaté en jaune.
5. Colorie le rouleau à pâtisserie en jaune et les poignées en rouge.
6. Colorie en bleu les fleurs sur la tasse de thé.
7. Fais une ligne rouge en dessous de ce qui est froid.
8. Trouve ce qui est chaud. Relie les dessins.

Nomme la couleur des objets suivants :

une table en bois   des petits pois   de la farine   du jus de pamplemousse

Matériel

- Crayons de couleur (8 couleurs de base)
- Crayons

Démarche

Remettez à chaque enfant un exemplaire de la feuille « Dans la cuisine ». Lisez les consignes aux enfants en les répétant au besoin. Veillez à accorder un délai suffisant pour l'exécution de chaque consigne.

1. Raye tout ce que l'on n'utilise pas dans la cuisine.
2. Encercle en rouge les trois objets qui ont besoin d'électricité pour fonctionner.
3. Fais une croix sur l'objet qui sert à couper.
4. Colorie le pot à biscuits en jaune.
5. Souligne en noir tous les objets avec des couvercles.
6. Encercle en bleu ce qu'on utilise pour boire.
7. Fais un crochet orange à côté des objets qui peuvent contenir de la nourriture ou des boissons.
8. Fais une croix rose sur tous les liquides.

Montre l'objet auquel tu penses lorsque tu entends les mots suivants :

coupant chaud contenant froid

Nom : ______________________________ Date : ______________

Les animaux aquatiques

Matériel

- Crayons de couleur
  (8 couleurs de base)
- Crayons

Démarche

Remettez à chaque enfant un exemplaire de la feuille « Les animaux aquatiques ». Lisez les consignes aux enfants en les répétant au besoin. Veillez à accorder un délai suffisant pour l'exécution de chaque consigne.

1. Raye tous les animaux qui ne vivent pas dans l'eau.
2. Quel animal a des pinces ? Colorie-le en orange.
3. Colorie l'animal qui saute en vert.
4. Deux animaux peuvent bouger à l'aide de leurs nageoires.
   Colorie-les en rouge.
5. Colorie le corps de la tortue en vert et sa carapace en jaune.
6. Colorie les yeux de la pieuvre en vert.
7. Colorie en bleu l'eau autour de la baleine.
8. Colorie en vert le nénuphar sous la grenouille.

Nomme la couleur des objets suivants :

un chat des algues du poivre un ananas

Matériel

- Crayons de couleur (8 couleurs de base)
- Crayons

Démarche

Remettez à chaque enfant un exemplaire de la feuille « Les animaux aquatiques ». Lisez les consignes aux enfants en les répétant au besoin. Veillez à accorder un délai suffisant pour l'exécution de chaque consigne.

1. Raye tous les animaux qui ne nagent pas.
2. Encercle en rouge trois animaux qui ne peuvent pas vivre hors de l'eau.
3. Trois animaux aiment aller sur la banquise. Dessine un point rose sur chacun d'eux.
4. Deux animaux vivent près d'un étang. Colorie-les en vert.
5. Colorie en orange le petit animal qui vit au bord de la mer.
6. Dessine des cercles verts au-dessus de la tête des animaux qui ont des moustaches.
7. Dessine un carré vert autour de l'animal qui peut pincer.
8. Deux animaux ont une carapace. Fais un crochet orange à côté de chacun d'eux.

Montre l'objet auquel tu penses lorsque tu entends les mots suivants :

géant   la plage   des défenses   sauter

Nom : ______________________ Date : ______________

Dans la maison

Matériel

- Crayons de couleur (8 couleurs de base)
- Crayons

Démarche

Remettez à chaque enfant un exemplaire de la feuille « Dans la maison ». Lisez les consignes aux enfants en les répétant au besoin. Veillez à accorder un délai suffisant pour l'exécution de chaque consigne.

1. Raye tout ce qui ne va pas à l'intérieur d'une maison.
2. Colorie l'abat-jour en jaune et la lampe en vert.
3. Colorie la serviette et l'oreiller en bleu.
4. Colorie les rideaux en jaune.
5. Colorie le cadre du tableau en rouge.
6. Dessine un vase sur l'étagère.
7. Colorie la barre à serviette en vert.
8. Colorie l'étagère en bleu.

Nomme la couleur des objets suivants :

une banane | une fraise | le gazon | du jus de raisin

Matériel

- Crayons de couleur (8 couleurs de base)
- Crayons

Démarche

Remettez à chaque enfant un exemplaire de la feuille « Dans la maison ». Lisez les consignes aux enfants en les répétant au besoin. Veillez à accorder un délai suffisant pour l'exécution de chaque consigne.

1. Raye tout ce que l'on ne trouve pas dans une maison.
2. Encercle les appareils électriques.
3. Souligne en rouge les objets qui sont mous.
4. Fais un crochet vert à côté des objets que l'on retrouve dans la salle de bains.
5. Dessine deux points orange sur tout ce qui peut s'ouvrir et se fermer.
6. Colorie en jaune tout ce qui va par terre.
7. Fais un crochet rose sur tout ce qu'on peut mettre au mur.
8. Fais une croix sur les appareils qui chauffent.

Montre l'objet auquel tu penses lorsque tu entends les mots suivants :

chaud flammes doux ouvrir

Nom : ______________________________ Date : ______________

Les oiseaux

Matériel

- Crayons de couleur (8 couleurs de base)
- Crayons

Démarche

Remettez à chaque enfant un exemplaire de la feuille « Les oiseaux ». Lisez les consignes aux enfants en les répétant au besoin. Veillez à accorder un délai suffisant pour l'exécution de chaque consigne.

1. Raye tous les animaux qui ne sont pas des oiseaux.
2. Colorie le perroquet en jaune et vert.
3. Colorie en rouge et jaune l'oiseau qui fait « glou glou » et qui a une queue en éventail.
4. Colorie la tête du pic-bois en rouge et son corps en jaune.
5. Colorie les trois canards en jaune.
6. Colorie les yeux du hibou en jaune.
7. Le vautour n'est pas un bel oiseau. Colorie son bec en jaune pour l'embellir.
8. L'aigle est perché sur une branche qui a trois feuilles. Colorie les feuilles en vert.

Nomme la couleur des objets suivants :

l'océan une poire du sable une mouche

Matériel

- Crayons de couleur (8 couleurs de base)
- Crayons

Démarche

Remettez à chaque enfant un exemplaire de la feuille « Les oiseaux ». Lisez les consignes aux enfants en les répétant au besoin. Veillez à accorder un délai suffisant pour l'exécution de chaque consigne.

1. Raye tous les animaux qui n'ont pas de plumes.
2. L'un des oiseaux ne vole jamais. Encercle cet oiseau.
3. L'un des oiseaux peut voler un peu mais reste presque toujours au sol. Colorie-le en rouge, jaune, orange et gris.
4. Certains canards aiment voler, d'autres préfèrent nager ou rester au sol. Colorie la cane et ses canetons en jaune.
5. Colorie en rouge la tête de l'oiseau qui aime faire des trous dans le tronc des arbres.
6. Plusieurs oiseaux mangent du poisson, mais un seul a une poche extensible en dessous du bec pour transporter sa nourriture. Colorie-le en bleu.
7. Le hibou aime chasser la nuit. Colorie ses gros yeux en jaune.
8. Colorie en vert le petit oiseau qui peut manger dans une mangeoire.

Montre l'objet auquel tu penses lorsque tu entends les mots suivants :

miaou ! japper coin-coin un oiseau qui parle

Nom : ______________________ Date : ____________

À la plage

Matériel

- Crayons de couleur (8 couleurs de base)
- Crayons

Démarche

Remettez à chaque enfant un exemplaire de la feuille « À la plage ». Lisez les consignes aux enfants en les répétant au besoin. Veillez à accorder un délai suffisant pour l'exécution de chaque consigne.

1. Raye tout ce que l'on ne trouve pas à la plage.

2. Trouve l'oiseau qui garde plusieurs poissons dans son grand bec. Colorie son bec en jaune.

3. Colorie le sifflet et la casquette du sauveteur en rouge.

4. Colorie en jaune le petit animal qui a des pinces et qui vit au bord de la mer.

5. Colorie la lumière du phare en jaune.

6. Colorie l'étoile de mer en orange.

7. Dessine deux autres coquillages sur la plage.

8. Colorie la méduse en bleu.

Nomme la couleur des objets suivants :

du foin — une pêche — un bonhomme de neige — un pingouin

Matériel

- Crayons de couleur (8 couleurs de base)
- Crayons

Démarche

Remettez à chaque enfant un exemplaire de la feuille « À la plage ». Lisez les consignes aux enfants en les répétant au besoin. Veillez à accorder un délai suffisant pour l'exécution de chaque consigne.

1. Raye tout ce que l'on ne trouve pas à la plage.
2. Encercle le personnage qui n'est pas sauveteur.
3. Trouve l'animal qui marche de travers. Colorie-le en orange.
4. Souligne en rose l'objet qui protège les yeux du soleil.
5. Colorie en jaune l'animal qui pique fort quand on le touche.
6. Encercle ce qui indique aux bateaux qu'ils approchent de la berge.
7. Il y en a beaucoup à la plage, on peut les ramasser et on entend la mer lorsqu'on les tient près de son oreille. Colorie ceux que tu vois en jaune.
8. Colorie la bouée de sauvetage en rouge et la planche de surf en vert.

Montre l'objet auquel tu penses lorsque tu entends les mots suivants:

dangereux   piquer   un maillot de bain   pincer

Matériel

- Crayons de couleur (8 couleurs de base)
- Crayons

Démarche

Remettez à chaque enfant un exemplaire de la feuille « À la ferme ». Lisez les consignes aux enfants en les répétant au besoin. Veillez à accorder un délai suffisant pour l'exécution de chaque consigne.

1. Raye tout ce que l'on ne trouve pas à la ferme.
2. Souligne en rouge tous les animaux de la ferme.
3. Colorie en rouge le bâtiment où vivent les animaux.
4. Colorie en vert l'équipement de ferme.
5. Colorie en rouge les fruits que l'on a cueillis dans le verger.
6. Colorie en jaune les deux animaux qui ont des cornes.
7. Colorie la dinde en orange et les plumes de sa queue de toutes les couleurs.
8. Colorie l'eau de l'étang en bleu.

Nomme la couleur des objets suivants :

une voiture de pompiers	de la limonade	du maïs	de la mousse au chocolat

Matériel

- Crayons de couleur (8 couleurs de base)
- Crayons

Démarche

Remettez à chaque enfant un exemplaire de la feuille « À la ferme ». Lisez les consignes aux enfants en les répétant au besoin. Veillez à accorder un délai suffisant pour l'exécution de chaque consigne.

1. Raye tout ce que l'on ne trouve pas à la ferme.
2. Souligne en orange tous les animaux de la ferme.
3. Colorie en jaune le chapeau des gens qui travaillent à la ferme.
4. Colorie en rouge ce qui pousse dans un verger.
5. Colorie en jaune la nourriture des chevaux et des vaches.
6. Dessine deux points mauves sur les animaux qui ont des cornes.
7. Colorie en vert l'équipement et les outils utilisés à la ferme.
8. Colorie en rouge le silo qui contient les céréales.

Montre l'objet auquel tu penses lorsque tu entends les mots suivants :

des plumes de la fourrure un bâtiment un nénuphar

Nom: ______________________________ Date: ________________

Au magasin de jouets

Matériel

- Crayons de couleur (8 couleurs de base)
- Crayons

Démarche

Remettez à chaque enfant un exemplaire de la feuille « Au magasin de jouets ». Lisez les consignes aux enfants en les répétant au besoin. Veillez à accorder un délai suffisant pour l'exécution de chaque consigne.

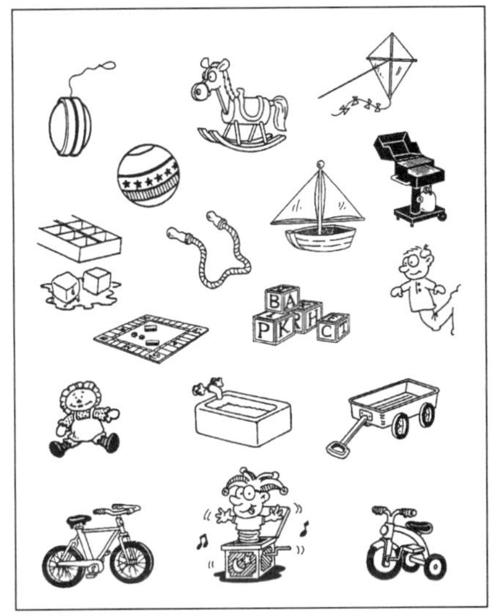

1. Raye tout ce que l'on ne trouve pas dans un magasin de jouets.
2. Souligne en rouge les objets qui ont des roues.
3. Trouve le jouet qui flotte sur l'eau. Colorie-le en bleu.
4. L'un des jouets permet de se balancer. Colorie ce jouet en jaune et bleu.
5. Encercle en bleu la boîte à surprise.
6. L'un des jouets peut rouler et rebondir. Colorie-le en rouge et bleu.
7. L'un des jouets vole. Dessine des petits points rouges dessus.
8. Colorie la chemise de la marionnette en vert.

Nomme la couleur des objets suivants :

des mûres des framboises de la paille un fantôme

Matériel

- Crayons de couleur (8 couleurs de base)
- Crayons

Démarche

Remettez à chaque enfant un exemplaire de la feuille « Au magasin de jouets ». Lisez les consignes aux enfants en les répétant au besoin. Veillez à accorder un délai suffisant pour l'exécution de chaque consigne.

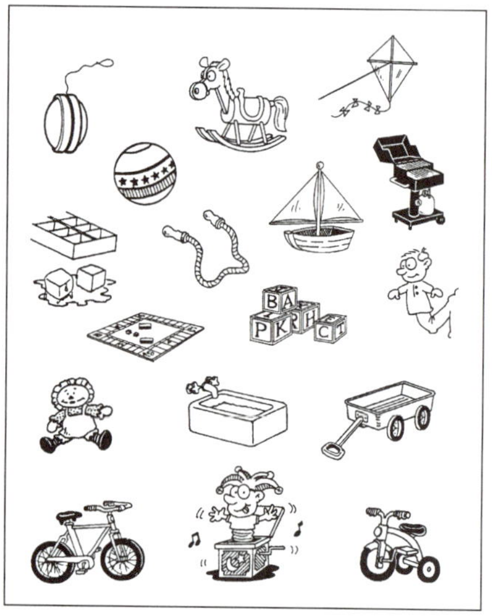

1. Raye tout ce que l'on ne trouve pas dans un magasin de jouets.
2. Souligne en rouge les objets qui ont des roues.
3. Encercle deux jouets qui peuvent rouler même s'ils n'ont pas de roues.
4. Colorie les jouets qui peuvent flotter sur l'eau en jaune et vert.
5. Colorie le cheval à bascule en vert.
6. Fais un crochet orange à côté de la boîte à surprise.
7. L'un des objets permet de nous faire sauter. Colorie-le en jaune.
8. Colorie en rouge le jouet que l'on peut faire parler.

Montre l'objet auquel tu penses lorsque tu entends les mots suivants :

se bercer   empiler   rouler   flotter

Matériel

- Crayons de couleur (8 couleurs de base)
- Crayons

Démarche

Remettez à chaque enfant un exemplaire de la feuille « Au magasin de jouets ». Lisez les consignes aux enfants en les répétant au besoin. Veillez à accorder un délai suffisant pour l'exécution de chaque consigne.

1. Raye tout ce que l'on ne trouve pas dans un magasin de jouets.
2. Souligne en rouge les objets qui ont des roues.
3. Trouve le jouet qui flotte sur l'eau. Colorie-le en bleu.
4. L'un des jouets permet de se balancer. Colorie ce jouet en jaune et bleu.
5. Encercle en bleu la boîte à surprise.
6. L'un des jouets peut rouler et rebondir. Colorie-le en rouge et bleu.
7. L'un des jouets vole. Dessine des petits points rouges dessus.
8. Colorie la chemise de la marionnette en vert.

Nomme la couleur des objets suivants :

des mûres | des framboises | de la paille | un fantôme

Matériel

- Crayons de couleur (8 couleurs de base)
- Crayons

Démarche

Remettez à chaque enfant un exemplaire de la feuille « Au magasin de jouets ». Lisez les consignes aux enfants en les répétant au besoin. Veillez à accorder un délai suffisant pour l'exécution de chaque consigne.

1. Raye tout ce que l'on ne trouve pas dans un magasin de jouets.
2. Souligne en rouge les objets qui ont des roues.
3. Encercle deux jouets qui peuvent rouler même s'ils n'ont pas de roues.
4. Colorie les jouets qui peuvent flotter sur l'eau en jaune et vert.
5. Colorie le cheval à bascule en vert.
6. Fais un crochet orange à côté de la boîte à surprise.
7. L'un des objets permet de nous faire sauter. Colorie-le en jaune.
8. Colorie en rouge le jouet que l'on peut faire parler.

Montre l'objet auquel tu penses lorsque tu entends les mots suivants :

se bercer empiler rouler flotter

Nom : ______________________________ Date : ______________

En camping

Matériel

- Crayons de couleur (8 couleurs de base)
- Crayons

Démarche

Remettez à chaque enfant un exemplaire de la feuille « En camping ». Lisez les consignes aux enfants en les répétant au besoin. Veillez à accorder un délai suffisant pour l'exécution de chaque consigne.

1. Raye tout ce que l'on ne trouve pas au camping.
2. Colorie en jaune ce qui éclaire ou qui fait des flammes.
3. L'un des habitats est construit avec des billots. Colorie-le en orange.
4. Colorie le canot en jaune et le bateau en orange.
5. Colorie le sac de couchage et le sac à dos en jaune.
6. Colorie les yeux du raton laveur en vert.
7. Souligne en rouge les objets qui flottent.
8. Colorie le thermos et la tasse en rouge.

Nomme la couleur des objets suivants :

la mer — le goudron — un ours polaire — une citrouille

Matériel

- Crayons de couleur (8 couleurs de base)
- Crayons

Démarche

Remettez à chaque enfant un exemplaire de la feuille « En camping ». Lisez les consignes aux enfants en les répétant au besoin. Veillez à accorder un délai suffisant pour l'exécution de chaque consigne.

1. Raye tout ce que l'on ne trouve pas au camping.
2. Deux objets flottent. Colorie-les en jaune.
3. Trois objets sont chauds et éclairent. Souligne-les en rouge.
4. Encercle ce qui est fait de billots.
5. Relie le chalet à l'objet qui sert à dormir en camping
6. Trouve l'objet que tu peux transporter sur ton dos. Colorie-le en rouge.
7. Trouve deux animaux qui vivent dans la forêt. Dessine un carré autour de l'animal qui est le plus grand en réalité.
8. Colorie en vert l'objet qui sert à garder les boissons chaudes ou froides.

Montre l'objet auquel tu penses lorsque tu entends les mots suivants :

flotter   brûler   mou   dangereux

Nom : ______________________ Date : ______________

Les meubles

Matériel

- Crayons de couleur (8 couleurs de base)
- Crayons

Démarche

Remettez à chaque enfant un exemplaire de la feuille « Les meubles ». Lisez les consignes aux enfants en les répétant au besoin. Veillez à accorder un délai suffisant pour l'exécution de chaque consigne.

1. Raye tout ce qui n'est pas un meuble.
2. Souligne les lits superposés.
3. Colorie en vert ce que l'on utilise pour se bercer.
4. Souligne en vert le meuble qui a des tiroirs.
5. Colorie en bleu le meuble qui a des accoudoirs.
6. Dessine deux assiettes sur la table.
7. Colorie le couvre-lit du grand lit en orange.
8. Colorie les couvre-lits des lits superposés en jaune.

Nomme la couleur des objets suivants :

une mouffette	des flammes	l'uniforme d'une infirmière	du bois

Matériel

- Crayons de couleur (8 couleurs de base)
- Crayons

Démarche

Remettez à chaque enfant un exemplaire de la feuille « Les meubles ». Lisez les consignes aux enfants en les répétant au besoin. Veillez à accorder un délai suffisant pour l'exécution de chaque consigne.

1. Raye tout ce qui n'est pas un meuble.
2. Encercle le meuble sur lequel on se berce.
3. Colorie le meuble avec des étagères en orange.
4. Souligne en rouge les trois meubles ornés de boules.
5. Fais un crochet à côté du meuble de bois qui a quatre pieds, un siège et un dossier.
6. Dessine un carré vert autour des meubles qui ont un matelas.
7. Dessine une assiette sur le meuble sur lequel l'on mange.
8. Trouve le meuble qui a des tiroirs. Colorie-le en rouge.

Montre l'objet auquel tu penses lorsque tu entends les mots suivants :

manger dormir se balancer lire

Nom: ______________________________ Date: ______________

À l'école

Matériel

- Crayons de couleur (8 couleurs de base)
- Crayons

Démarche

Remettez à chaque enfant un exemplaire de la feuille « À l'école ». Lisez les consignes aux enfants en les répétant au besoin. Veillez à accorder un délai suffisant pour l'exécution de chaque consigne.

1. Raye tous les objets que l'on ne trouve pas à l'école.
2. Encercle tout ce qui sert à écrire et à colorier.
3. Trouve ce qui colle et que l'on coupe en petites bandes. Colorie-le en jaune.
4. Trouve l'objet qui a des pages. Souligne-le en vert.
5. Trouve ce qui est blanc et que l'on utilise pour écrire au tableau. Colorie la boîte en bleu.
6. Dessine trois points bleus sur le stylo plume.
7. Colorie le cahier à anneaux en rouge.
8. Colorie la boîte de crayons de couleur en vert et les crayons en différentes couleurs.

Nomme la couleur des objets suivants :

une cerise   une carotte   un phoque   des plantes

Matériel

- Crayons de couleur (8 couleurs de base)
- Crayons

Démarche

Remettez à chaque enfant un exemplaire de la feuille « À l'école ». Lisez les consignes aux enfants en les répétant au besoin. Veillez à accorder un délai suffisant pour l'exécution de chaque consigne.

1. Raye toutes les choses que l'on ne trouve pas dans une école.
2. Colorie en jaune ce que l'on utilise pour coller.
3. Encercle les deux objets qui ont des pages.
4. Relie le tableau à ce que l'on utilise pour écrire dessus.
5. Encercle tout ce qui contient une mine.
6. Colorie en jaune le meuble sur lequel les élèves travaillent.
7. Trouve ce que l'on utilise pour colorier. Colorie chaque objet d'une couleur différente.
8. Colorie la boîte de crayons de couleur en rouge.

Montre l'objet auquel tu penses lorsque tu entends les mots suivants :

de l'encre — les couleurs — du papier — une gomme à effacer

Nom : ________________________ Date : ______________

À la boulangerie

Matériel

- Crayons de couleur (8 couleurs de base)
- Crayons

Démarche

Remettez à chaque enfant un exemplaire de la feuille « À la boulangerie ». Lisez les consignes aux enfants en les répétant au besoin. Veillez à accorder un délai suffisant pour l'exécution de chaque consigne.

1. Raye tous les objets que l'on ne trouve pas à la boulangerie.
2. Colorie la croûte du pain en brun. Laisse la mie blanche.
3. Colorie en jaune le glaçage sur le petit gâteau.
4. Dessine une cerise sur le petit gâteau.
5. Trouve l'objet que l'on utilise pour abaisser la pâte. Colorie-le en orange.
6. Encercle l'image du boulanger en train de confectionner des beignets.
7. Souligne en rouge ce qui est cuit.
8. Colorie les cheveux du caissier en jaune.

Nomme la couleur des objets suivants :

une pomme le cacao du beurre de la neige

Matériel

- Crayons de couleur (8 couleurs de base)
- Crayons

Démarche

Remettez à chaque enfant un exemplaire de la feuille « À la boulangerie ». Lisez les consignes aux enfants en les répétant au besoin. Veillez à accorder un délai suffisant pour l'exécution de chaque consigne.

1. Raye tous les objets que l'on ne trouve pas dans une boulangerie.
2. Colorie en rouge le glaçage des petits gâteaux (sept en tout).
3. Souligne en vert les miches de pain (trois en tout).
4. Colorie en jaune les beignes qui ne sont pas encore cuits.
5. Colorie en brun les beignes qui ont cuit et qui ont du glaçage.
6. Colorie en orange et bleu le rouleau à pâtisserie qui n'est pas utilisé.
7. Colorie les biscuits qui sortent du four en jaune.
8. Dessine une toque au caissier.

Montre l'objet auquel tu penses lorsque tu entends les mots suivants :

des crêpes   de la tarte aux cerises   une fête   de l'argent

Nom: ______________________________ Date: ______________

Les aliments

Matériel

- Crayons de couleur (8 couleurs de base)
- Crayons

Démarche

Remettez à chaque enfant un exemplaire de la feuille « Les aliments ». Lisez les consignes aux enfants en les répétant au besoin. Veillez à accorder un délai suffisant pour l'exécution de chaque consigne.

1. Raye tout ce qui ne va pas dans un réfrigérateur ou un congélateur.
2. Encercle tous les fruits.
3. Souligne les aliments congelés.
4. Trouve l'aliment que l'on peut faire fondre mais qui n'a pas besoin d'être congelé. Colorie-le en jaune.
5. Dessine trois petites gouttes de ketchup à côté de la bouteille de ketchup.
6. Dessine un glaçon à côté des deux glaçons de l'illustration.
7. Colorie les raisins et la gelée de raisins en bleu.
8. Colorie les autres fruits de leur vraie couleur.

Nomme la couleur des objets suivants :

une jonquille | du sucre | du maïs | le ciel

Matériel

- Crayons de couleur (8 couleurs de base)
- Crayons

Démarche

Remettez à chaque enfant un exemplaire de la feuille « Les aliments ». Lisez les consignes aux enfants en les répétant au besoin. Veillez à accorder un délai suffisant pour l'exécution de chaque consigne.

1. Raye tout ce que l'on ne trouve pas dans un réfrigérateur ou un congélateur.
2. Souligne en rouge tout ce que l'on peut ranger dans le garde-manger.
3. Encercle tout ce que l'on doit conserver dans le congélateur.
4. Colorie en jaune tous les aliments qui sont faits à partir de lait.
5. Trouve le fruit qui est le plus acide. Colorie-le de sa vraie couleur
6. Fais un crochet bleu à côté du produit surgelé qui n'est pas fait avec du lait.
7. Dessine deux points verts sur les aliments qui peuvent fondre.
8. Trouve les aliments qui sont vendus dans un contenant. Encadre-les.

Montre l'objet auquel tu penses lorsque tu entends les mots suivants :

congelé avoir faim un rôti la soif

Nom : ______________________________ Date : ______________

À la quincaillerie

Matériel

- Crayons de couleur (8 couleurs de base)
- Crayons

Démarche

Remettez à chaque enfant un exemplaire de la feuille « À la quincaillerie ». Lisez les consignes aux enfants en les répétant au besoin. Veillez à accorder un délai suffisant pour l'exécution de chaque consigne.

1. Raye tout ce que l'on ne trouve pas dans une quincaillerie.
2. Colorie tous les manches en bois en jaune.
3. Colorie la peinture qui est dans le pot et sur le pinceau en bleu.
4. Encercle l'outil qui sert à couper le bois.
5. Souligne en rouge l'objet le plus long.
6. Relie le clou à l'outil avec lequel on l'utilise.
7. Colorie la lampe de poche en jaune.
8. Relie le râteau à la binette à l'aide d'une ligne verte.

Nomme la couleur des objets suivants :

une sauterelle une tarte au chocolat du fromage des cerises

Matériel

- Crayons de couleur (8 couleurs de base)
- Crayons

Démarche

Remettez à chaque enfant un exemplaire de la feuille « À la quincaillerie ». Lisez les consignes aux enfants en les répétant au besoin. Veillez à accorder un délai suffisant pour l'exécution de chaque consigne.

1. Raye tout ce que l'on ne trouve pas dans une quincaillerie.
2. Encercle quatre objets que l'on peut utiliser pour réparer ou embellir une maison.
3. Souligne en rouge les outils que l'on utilise dans le jardin ou dans une cour.
4. Colorie tous les manches en bois en jaune.
5. Fais un crochet vert à côté de tout ce qui contient du métal.
6. Dessine un carré bleu autour de tout ce qui est en caoutchouc.
7. Souligne deux fois le seau et le pot de peinture.
8. Colorie l'objet qui fonctionne avec des piles en rouge.

Montre l'objet auquel tu penses lorsque tu entends les mots suivants :

la lumière couper de l'eau transporter

Nom : ______________________ Date : ______________

Les moyens de transport

Matériel

- Crayons de couleur (8 couleurs de base)
- Crayons

Démarche

Remettez à chaque enfant un exemplaire de la feuille « Les moyens de transport ». Lisez les consignes aux enfants en les répétant au besoin. Veillez à accorder un délai suffisant pour l'exécution de chaque consigne.

1. Raye tout ce qui n'est pas un moyen de transport.
2. Colorie la voiture de pompiers en rouge.
3. Colorie la jeep en vert.
4. Dessine un visage souriant sur le camion.
5. Colorie l'autobus en jaune.
6. Colorie le taxi en bleu et l'enseigne lumineuse du toit en jaune.
7. Colorie la voiture décapotable en orange.
8. Colorie la camionnette en vert.

Nomme la couleur des objets suivants :

des tomates   la route   un melon d'eau   du sucre

Matériel

- Crayons de couleur (8 couleurs de base)
- Crayons

Démarche

Remettez à chaque enfant un exemplaire de la feuille « Les moyens de transport ». Lisez les consignes aux enfants en les répétant au besoin. Veillez à accorder un délai suffisant pour l'exécution de chaque consigne.

1. Raye tout ce qui n'est pas un moyen de transport.
2. Souligne en vert le véhicule qui transporte le plus de gens en même temps.
3. Trouve les deux véhicules utilisés pour le transport de marchandises. Colorie-les en bleu.
4. Colorie en vert le véhicule qui sert surtout dans l'armée.
5. Colorie en jaune la voiture dans laquelle les gens doivent payer pour se déplacer.
6. Colorie en rouge le véhicule d'urgence. Nomme ce qu'il y a sur le toit.
7. Un véhicule possède un toit ouvrant. Colorie-le en jaune.
8. Souligne en rouge le camion.

Montre l'objet auquel tu penses lorsque tu entends les mots suivants:

un véhicule d'urgence	un taxi	un long voyage	un camion

Nom : ______________________ Date : ______________

Les instruments de musique

Matériel

- Crayons de couleur (8 couleurs de base)
- Crayons

Démarche

Remettez à chaque enfant un exemplaire de la feuille « Les instruments de musique ». Lisez les consignes aux enfants en les répétant au besoin. Veillez à accorder un délai suffisant pour l'exécution de chaque consigne.

1. Raye tout ce que l'on ne trouve pas dans un magasin d'instruments de musique.
2. Colorie le violon en orange.
3. Colorie le cadre du tambour en rouge. Colorie les baguettes et le dessus du tambour en jaune.
4. Colorie le piano en noir.
5. Colorie les chapeaux des musiciens de la fanfare en rouge.
6. Colorie la harpe et la trompette en jaune.
7. Dessine un tapis en dessous du piano.
8. Encercle la flûte.

Nomme la couleur des objets suivants :

un igloo des haricots un hibou de la réglisse

Matériel

- Crayons de couleur (8 couleurs de base)
- Crayons

Démarche

Remettez à chaque enfant un exemplaire de la feuille « Les instruments de musique ». Lisez les consignes aux enfants en les répétant au besoin. Veillez à accorder un délai suffisant pour l'exécution de chaque consigne.

1. Raye tout ce que l'on ne trouve pas dans un magasin d'instruments de musique.
2. Souligne en rouge les instruments à cordes.
3. Dans certains instruments, il faut souffler pour obtenir un son. Colorie ces instruments en jaune.
4. Colorie en orange les baguettes dont on se sert pour jouer de certains instruments de musique.
5. Encercle en bleu l'instrument de musique dont on joue en pinçant les cordes.
6. Colorie le tambour seul en rouge et en jaune.
7. Trouve le plus gros instrument de musique. Colorie-le en noir.
8. Encercle l'instrument de musique dont on joue avec un archet.

Montre l'objet auquel tu penses lorsque tu entends les mots suivants :

une pédale | des baguettes | un archet | un concert

Chenelière/Didactique

A APPRENTISSAGE

Apprendre et enseigner autrement
P. Brazeau, L. Langevin
- Guide d'animation
- Vidéo n° 1 Déclencheur
- Vidéo n° 2 Un service-école pour jeunes à risque d'abandon scolaire
- Vidéo n° 3 Le parrainage académique
- Vidéo n° 4 Le monitorat d'enseignement
- Vidéo n° 5 La solidarité académique

Au pays des gitans
Recueil d'outils pour intégrer l'élève en difficulté dans la classe régulière
Martine Leclerc

Être prof, moi j'aime ça!
Les saisons d'une démarche de croissance pédagogique
L. Arpin, L. Capra

Intégrer les matières de la 7e à la 9e année
Ouvrage collectif

La gestion mentale
Au cœur de l'apprentissage
Danielle Bertrand-Poirier, Claire Côté, Francesca Gianesin, Lucille Paquette Chayer
- Compréhension de lecture
- Grammaire
- Mémorisation
- Résolution de problèmes

L'apprentissage à vie
La pratique de l'éducation des adultes et de l'andragogie
Louise Marchand

L'apprentissage par projets
Lucie Arpin, Louise Capra

Le cerveau et l'apprentissage
Mieux comprendre le fonctionnement du cerveau pour mieux enseigner
Eric Jensen

Les intelligences multiples
Guide pratique
Bruce Campbell

Les intelligences multiples dans votre classe
Thomas Armstrong

Les secrets de l'apprentissage
Robert Lyons

Par quatre chemins
L'intégration des matières au cœur des apprentissages
Martine Leclerc

Pour apprendre à mieux penser
Trucs et astuces pour aider les élèves à gérer leur processus d'apprentissage
Pierre-Paul Gagné

Stratégies pour apprendre et enseigner autrement
Pierre Brazeau

Vivre la pédagogie du projet collectif
Collectif Morissette-Pérusset

C CITOYENNETÉ ET COMPORTEMENT

Citoyens du monde
Éducation dans une perspective mondiale
Véronique Gauthier

Collection Rivière Bleue
Éducation aux valeurs par le théâtre
Louis Cartier, Chantale Métivier
- Sois poli, mon kiki (la politesse, 6 à 9 ans)
- Les petits plongeons (l'estime de soi, 6 à 9 ans)
- Ah! les jeunes, ils ne respectent rien (les préjugés, 9 à 12 ans)
- Coup de main (la coopération, 9 à 12 ans)

Et si un geste simple donnait des résultats...
Guide d'intervention personnalisée auprès des élèves
Hélène Trudeau et coll.

J'apprends à être heureux
Robert A. Sullo

La réparation: pour une restructuration de la discipline à l'école
Diane C. Gossen
- Manuel
- Guide d'animation

La théorie du choix
William Glasser

L'éducation aux droits et aux responsabilités au primaire
Commission des droits de la personne et des droits de la jeunesse du Québec

L'éducation aux droits et aux responsabilités au secondaire
Commission des droits de la personne et des droits de la jeunesse du Québec

Mon monde de qualité
Carleen Glasser

PACTE: Un programme de développement d'habiletés socio-affectives
B. W. Doucette, S. M. Fowler
- Trousse pour 4e à 7e année (primaire)
- Trousse pour 7e à 12e année (secondaire)

Relevons le défi
Guide sur les questions liées à la violence à l'école
Ouvrage collectif

Ec ÉDUCATION À LA COOPÉRATION

Ajouter aux compétences
Enseigner, coopérer et apprendre au postsecondaire
Jim Howden, Marguerite Kopiec

Apprendre la démocratie
Guide de sensibilisation et de formation selon l'apprentissage coopératif
C. Évangéliste-Perron, M. Sabourin, C. Sinagra

Apprenons ensemble
L'apprentissage coopératif en groupes restreints
Judy Clarke et coll.

Découvrir la coopération
Activités d'apprentissage coopératif pour les enfants de 3 à 8 ans
B. Chambers et coll.

Je coopère, je m'amuse
100 jeux coopératifs à découvrir
Christine Fortin

La coopération au fil des jours
Des outils pour apprendre à coopérer
Jim Howden, Huguette Martin

La coopération en classe
Guide pratique appliqué à l'enseignement quotidien
Denise Gaudet et coll.

L'apprentissage coopératif
Théories, méthodes, activités
Philip C. Abrami et coll.

Le travail de groupe
Stratégies d'enseignement pour la classe hétérogène
Elizabeth G. Cohen

Structurer le succès
Un calendrier d'implantation de la coopération
Jim Howden, Marguerite Kopiec

E ÉVALUATION ET COMPÉTENCES

Comment construire des compétences en classe
Des outils pour la réforme
Steve Bisonnette, Mario Richard

Construire la réussite
L'évaluation comme outil d'intervention
R. J. Cornfield et coll.

Le plan de rééducation individualisé (PRI)
Une approche prometteuse pour prévenir le redoublement
Jacinthe Leblanc

Le portfolio au service de l'apprentissage et de l'évaluation
Roger Farr, Bruce Tone
Adaptation française : Pierrette Jalbert

Portfolios et dossiers d'apprentissage
Georgette Goupil
- VIDÉOCASSETTE

Profil d'évaluation
Une analyse pour personnaliser votre pratique
Louise M. Bélair
- GUIDE DU FORMATEUR

G GESTION DE CLASSE

À la maternelle... voir GRAND !
Louise Sarrasin, Marie-Christine Poisson

Apprendre... c'est un beau jeu
L'éducation des jeunes enfants dans un centre préscolaire
M. Baulu-MacWillie, R. Samson

Construire une classe axée sur l'enfant
S. Schwartz, M. Pollishuke

Je danse mon enfance
Guide d'activités d'expression corporelle et de jeux en mouvement
Marie Roy

La classe interculturelle
Guide d'activités et de sensibilisation
Cindy Bailey

La multiclasse
Outils, stratégies et pratiques pour la classe multiâ et multiprogramme
Colleen Politano, Anne Davies
Adaptation française : Monique Le Pailleur

Le conseil de coopération
Un outil pédagogique pour l'organisation de la vie de classe et la gestion des conflits
Danielle Jasmin

L'enfant-vedette (vidéocassette)
Alan Taylor, Louise Sarrasin

Quand les enfants s'en mêlent
Ateliers et scénarios pour une meilleure motivatior
Lisette Ouellet

Quand revient septembre...
Jacqueline Caron
- GUIDE SUR LA GESTION DE CLASSE PARTICIPATIVE (VOLUME 1)
- RECUEIL D'OUTILS ORGANISATIONNELS (VOLUME 2)

L LANGUE ET COMMUNICATION

À livres ouverts
Activités de lecture pour les élèves du primaire
Debbie Sturgeon

Chenelière/McGraw-Hill
7001, boul. Saint-Laurent
Montréal (Québec)
Canada H2S 3E3
Téléphone: (514) 273-1066
Télécopieur: (514) 276-0324
chene@dlcmcgrawhill.ca

AGMV Marquis
MEMBRE DE SCABRINI MEDIA
Québec, Canada
2002